ÉLOGE

HISTORIQUE

DE PHILIBERT PARAT.

LYON. — IMPR. DE BARRET,
Place des Terreaux, 20.

ÉLOGE

HISTORIQUE

DE PHILIBERT PARAT,

DOCTEUR EN MÉDECINE, MEMBRE DE L'ACADÉMIE ROYALE DES SCIENCES, BELLES-LETTRES ET ARTS DE LYON, ETC, ETC,

Lu dans la Séance publique du 5 septembre 1839;

PAR

Le Docteur Martin (jeune),

MEMBRE DE L'ACADÉMIE.

LYON.

IMPRIMERIE DE BARRET, PLACE DES TERREAUX, 20.

1839.

ÉLOGE

HISTORIQUE

DE PHILIBERT PARAT,

DOCTEUR EN MÉDECINE, DE L'ACADÉMIE DE LYON, ETC.

MESSIEURS,

Lorsque les Sociétés académiques décernent un éloge spécial à ceux de leurs membres que la mort vient de frapper, leur but est tout à la fois d'exhaler les regrets que cette perte leur inspire, et de constater les services rendus à la science par les travaux du défunt. Ainsi l'intérêt de l'éloge repose sur le degré d'importance des services, et sur l'impartialité qui préside à leur appréciation.

A côté des hommes de génie, auxquels il est donné de reculer les limites des connaissances humaines, ou d'ouvrir de nouvelles routes dans le champ des découvertes, marchent des esprits moins brillants, dont les laborieuses investigations s'attachent à recueillir ce qu'il y a de positif dans les nouvelles théories, et, après en avoir épuré les principes dans le creuset de l'expérience, à en appliquer les conséquences au profit de l'humanité.

Il est assurément de toute justice que, dans les sciences naturelles, la plus grande part de gloire appartienne à l'inventeur; mais il serait injuste de n'en pas réserver une portion à celui qui met en œuvre la découverte, et qui l'utilise en la purifiant des taches qui peuvent l'obscurcir, ou des fausses lueurs qui peuvent en égarer la marche progressive.

Ces réflexions, qui me paraissent propres à émousser les traits dirigés par la critique contre les éloges académiques, ont guidé ma pensée dans la rédaction de celui de notre confrère feu le docteur Parat. L'intimité dans laquelle j'ai vécu avec lui, la conformité de nos doctrines, de nos occupations et de nos études, m'ont mis à portée de bien connaître les principes qui ont dirigé sa longue et heureuse pratique dans l'art de guérir. J'ai pu, dans nos rapports journaliers, apprécier la noblesse de son caractère, et les rares vertus qui lui avaient concilié l'estime et la confiance du pauvre et du riche.

Il me suffira d'être son historien véridique. Son panégyrique, écrit dans le cœur de tous ceux qui l'ont connu, peut se passer des secours de l'art oratoire.

Philibert PARAT, docteur en médecine de l'Université de Montpellier, l'un des restaurateurs de l'Académie royale des sciences, belles-lettres et arts de Lyon, et l'un des fondateurs de la Société de médecine de la même ville, naquit à Lyon en septembre 1763. Son père, marchand pelletier, le destinait au commerce; sa vocation l'en éloignait. Après avoir terminé ses classes au petit collége de Lyon, il suivit les cours de philosophie professés chez les pères Jacobins. Un médecin, qui habitait la maison de son père, le décida à entrer dans la carrière de l'art de guérir, et lui promit de diriger ses premiers pas; l'assentiment de son père sanctionna cette résolution.

Le jeune Parat se livra, pendant deux ans, à l'étude de l'anatomie et de la pathologie chirurgicale. Le désir consciencieux de fonder son instruction sur la base solide de la connaissance du mécanisme des fonctions de la vie, lui fit supporter sans peine et sans dégoût les travaux rebutants de la dissection et la fréquentation journalière des amphithéâtres. Ce n'est, en effet, que dans le sein de la mort que se révèlent les secrets de la vie et les causes véritables qui en altèrent l'exercice régulier.

Sans les connaissances anatomiques et physiologiques, la médecine n'est plus qu'un aveugle empirisme; et les secours qu'elle dispense, livrés aux chances du hasard, seraient plus nuisibles qu'utiles à la société.

Étudiée le scapel à la main, l'anatomie se grave dans la mémoire en une série de tableaux, dont les traits principaux ne s'effacent jamais : c'est dans ces tableaux que le médecin-praticien cherche et trouve le plus souvent les méthodes rationnelles des secours qu'il emploie avec succès dans le traitement des maladies, parce qu'ils l'éclairent sur le siége et sur les causes sensibles des dérangements de l'état normal des fonctions de la vie.

Sans contester l'utilité des traités dogmatiques sur cette science, des gravures qui les accompagnent, et même des préparations artificielles conservées dans lés cabinets, il est permis de penser que rien ne peut remplacer pour une instruction solide les travaux manuels de dissection exécutés sous la direction d'un maître, et la durée des souvenirs confiés en images à la garde de l'intelligence.

Après s'en être occupé pendant le cours de deux années, Parat se présenta au concours de l'internat dans les hôpitaux de Lyon, et y obtint les premières places. Il en fit le service à l'Hospice de la Charité de 1783 à 1785, et se rendit ensuite à Paris pour suivre les cours de chirurgie du célèbre Desault, dont la réputation européenne s'élevait dans sa spécialité au niveau de celle dont le grand Boërhaave avait illustré l'École de Leyde.

Parat revint, en 1787, prendre son service à l'Hôtel-Dieu de Lyon. M. Dussaussoy, dont le nom se place encore de nos jours sur la première ligne de ceux qui ont honoré par leurs talents la chirurgie lyonnaise, y remplissait les fonctions de chirurgien en chef. Il distingua promptement les connaissances et les qualités du jeune adepte, et lui accorda dès-lors une estime et une confiance dont il n'était pas prodigue, et qui ne fit que s'accroître lorsque l'adepte devint maître à son tour.

A cette époque, l'administration des grands hôpitaux civils était encore en possession de choisir à son gré les chefs du service de santé. Mais déjà des idées plus saines germaient dans les esprits : on sentait la nécessité de ne pas laisser au hasard des choix qu'on pouvait éclairer par des épreuves authentiques. On prétend encore que le gouvernement avait pris l'initiative de la réforme en ce point (1).

Quoi qu'il en soit, il fut arrêté que par la suite les chirurgiens en chef des deux grands hôpitaux de la seconde ville du royaume seraient nommés dans un concours public, et que, sous le rapport de l'instruction, les jugements seraient déférés à un jury choisi par les notabilités médicales de la ville. L'époque du concours fut fixée, pour la première fois, au 10 mai 1788.

Parat n'hésita pas à entrer dans cette lice ; il y rencontra de nombreux et brillants adversaires, et s'y honora autant par l'étendue et la variété de ses connaissances (ce qui lui valut des éloges publics), que par la noble franchise avec laquelle il applaudit au jugement qui décerna la palme de la victoire à son ami Marc-Antoine Petit, devenu une des gloires de notre chirurgie lyonnaise, et enlevé par une mort prématurée à la science et à l'humanité au milieu de sa brillante carrière.

A dater de cette époque, notre confrère résolut de se consacrer, d'une manière spéciale, à la pratique de la médecine interne; et, peu de temps après, il se rendit à Montpellier pour y continuer ses études.

C'était le temps où le grand Barthez (2) achevait de développer le beau système de physiologie générale, dont il avait posé les bases dans sa fameuse thèse *De principio hominis vitali*, rendue publique en 1772. Broussonet, Lamure, Gouan, Grimaud, Fouquet, Vigarous, Baumes, Chaptal et quelques autres professeurs non moins célèbres, concouraient avec lui, chacun dans la spécialité de ses cours, à coordonner dans un ensemble régulier une doctrine médicale uniforme dans ses principes, et logique dans ses conséquences : doctrine devenue immuable dans la célèbre École où elle a pris naissance.

Stahl avait cherché le principe des phénomènes de la vie dans l'action de l'âme sur les appareils des différents systèmes organiques du corps ; mais l'âme est une essence insaisissable et impérissable, qui se manifeste dans les actes de l'intelligence, et dont les rapports avec les fonctions matérielles de nos organes ne sont ni assez sensibles, ni peut-être assez intimes pour en donner l'explication. De l'union de l'âme avec le corps, naît le principe de la vie dont on peut suivre la marche et les modifications dans toutes les périodes de sa durée, dans l'état de santé et de maladie, depuis l'instant de la conception jusqu'à celui où la volonté du suprême Ordonnateur de la nature en a fixé le terme, pour tous les ouvrages de sa création.

C'est sur le principe vital, c'est sur les lois qui règlent son action, que reposent les études prescrites par les doctrines médicales de l'École de Montpellier; c'est à l'aide de ce fil continu qu'il est donné à l'esprit humain de parcourir le labyrinthe de l'organisation animale, dans toute son étendue; d'en saisir le mécanisme, l'ordre et les rapports, d'en constater les anomalies individuelles, de comprendre les causes accidentelles qui en dérangent l'harmonie, et d'arriver, par le raisonnement et l'analogie, à la connaissance des moyens propres à en rétablir l'équilibre.

Les nouveaux éléments de la science de l'homme, qui succédèrent à la thèse *De principio hominis vitali*, en appliquant les principes de cette méthode à l'étude de tous les phénomènes de la vie et de la mort dans leur ordre de succession, exposèrent pour la première fois les véritables rapports de toutes les branches des connaissances médicales, accumulées par l'expérience des siècles écoulés, avec les règles logiques du raisonnement.

Cette doctrine, justement qualifiée de *nouvelle* par son illustre auteur, renfermait le germe des progrès dont notre âge s'honore.

La profondeur des idées de Barthez exige une force

d'attention peu commune pour en saisir la liaison: il parle plus au raisonnement qu'à l'imagination. Pour le bien comprendre, il faut le lire à plusieurs reprises, et deviner en quelque sorte ses intentions dans les détails. Il avait ouvert la mine, il en indiquait les riches filons. Grimaud, Dumas, Lordat et plusieurs autres physiologistes de la célèbre École de Montpellier, en les exploitant après lui, en en dégageant les abords des nuages qui les dérobaient aux regards inattentifs, parvinrent à les montrer, sinon dans toute leur étendue, du moins dans toute leur richesse.

Si je poussais plus loin cette comparaison, j'excéderais les bornes d'une digression nécessaire pour faire connaître la source à laquelle Parat avait puisé les principes qui guidèrent ses talents pratiques dans l'exercice de sa noble et utile profession.

Il comprit, en les étudiant, l'unité des systèmes fondés sur des hypothèses qui vont, de siècle en siècle, se reproduisant et tombant sous de nouveaux noms et sous de nouvelles formes; qui, n'ayant d'autres bases que la crédulité des ignorants, les caprices de la mode, et l'enthousiasme des jeunes gens, ne laissent après eux que la mémoire des égarements de l'esprit humain, et des malheurs qu'ils infligent à la société contemporaine.

Fermement résolu à vouer son existence tout entière à la pratique de l'art de guérir, notre confrère reconnut que le seul moyen de remplir conscieneusement sa mission était de suivre la route ouverte par le père de la Médecine, en éclairant l'observation des lumières du raisonnement, et en ralliant à cette méthode les découvertes fournies par le hasard même, comme celles qui sont le fruit des progrès des sciences naturelles.

Fidèle à cette résolution, il a vu, dans le cours de sa vie, apparaître sur l'horizon de la science médicale un grand nombre de systèmes, météores passagers dont l'éclat, après avoir séduit un moment les regards d'une attention superficielle, s'est perdu dans le cahos des illusions qui les avaient enfantés; tandis que les doctrines de l'immortel vieillard de Cos poursuivent leur marche triomphante sous l'escorte de toutes les intelligences amies de la vérité, et étrangères aux abjectes spéculations du charlatanisme.

Pendant les deux années passées à Montpellier, Parat fit des progrès rapides. Il se plaisait à répéter que ses connaissances en anatomie pratique lui avaient singulièrement applani la route pour aborder les mystères les plus compliqués de notre économie, et en concevoir le mécanisme. Il se félicitait d'avoir débuté par l'étude de la chirurgie, œuvre distincte, à cette époque, de celle de la médecine proprement dite, distinction qui devait bientôt disparaître de la scholastique générale de la science, pour ne subsister que dans la spécialité professionnelle, et anéantir ainsi ces ridicules prétentions de prééminence hiérarchique entre les deux branches mères d'un arbre qui les nourrit de la même sève.

A Montpellier, Parat trouva deux des compatriotes avec lesquels il était déjà lié d'une étroite amitié, Dumas et Marc-Antoine Petit. Le premier préludait déjà à la brillante mission du professorat qui devait le placer un jour à la tête de l'École de Montpellier; le second venait renforcer, par l'étude des lois du vitalisme, les principes qu'il avait puisés dans l'école de l'illustre Desault dont il était l'élève affectionné, et compléter ainsi la masse des connaissances qui ont placé son nom parmi les plus glorieuses illustrations de la chirurgie lyonnaise.

En poursuivant le même but avec une ardeur égale, ils mirent en commun pour l'atteindre, les facultés et les qualités dont la nature les avait pourvus; tantôt c'était la lenteur et l'incertitude des perceptions qui cédaient soudainement aux brillantes lueurs de l'imagination; tantôt c'était le jugement froid et réfléchi, l'examen comparé des faits et des causes qui les produisent sous l'influence des lois du vitalisme, qui réprimaient les écarts des pensées hardies et les séduisantes illusions qu'elles enfantent: c'est ainsi que les qualités diverses se corrigent mutuellement dans leurs excès ou leurs défauts, et que l'allopathie se démontre au moral comme au physique par des résultats incontestables. Telle est la substance de plusieurs conversations avec Parat sur sa communauté d'études, à Montpellier, avec ses deux illustres amis. Cette confraternité ne devait cesser qu'avec la vie ; car la vie du médecin, si longue soit elle, est jusqu'au dernier moment une vie d'études et de perfectionnement, dont les entretiens se continuent par la correspondance, quand ils ne peuvent plus avoir lieu de vive voix.

Les deux amis de Parat le précédèrent de longtemps dans la tombe. Si la gloire de leurs noms adoucit l'amertume de ses regrets, le temps, le consolateur universel, ne parvint jamais à cicatriser la blessure faite à des affections sorties d'une source si noble et si pure : il a dignement honoré leur mémoire dans des éloges qui respirent le sentiment, et qui, en rappelant leurs travaux, font ressortir les services qu'ils ont rendus à la science médicale, et la perte qui est résultée pour elle de leur mort prématurée.

Admis au doctorat en 1790, Parat vint exercer la médecine à Lyon : il y retrouva ses deux condisciples. Ce fut alors qu'ils étendirent le cercle de leur association scientifique, en y appelant les docteurs Desgranges et Georges, tous les deux déjà en possession de la confiance publique, Bugnard, Cartier et Martin aîné mon frère, chirurgien en chef désigné de l'Hospice de la Charité. Cette modeste et silencieuse association, qui prit le nom de *Société des amis médecins*, se bornait à des entretiens sur les différentes parties de l'art de guérir ; elle réunissait dans un même dépôt les observations écrites de chacun de ses membres, et le résumé des discussions critiques auxquelles elles donnaient lieu, matériaux rassemblés pour être plus tard mis en œuvre par une société constituée sous le patronage de l'autorité publique; elle peut être considérée comme le véritable berceau de la Société de médecine de notre cité.

Mais bientôt les nuages politiques accumulés à l'horizon, s'étendirent en grossissant sur le ciel de notre patrie; la tempête révolutionnaire éclata dans toute sa fureur. L'histoire a couvert d'un voile funèbre le tableau de ses ravages; loin de moi l'ideé d'affliger de nouveau vos regards, en le soulevant de rechef.

Les membres de l'association médicale se dispersèrent pour dérober leurs têtes innocentes à la proscription. La Providence voulut qu'un seul d'entr'eux comptât au nombre des victimes. Les uns furent oubliés dans le secret des prisons, d'autres trouvèrent un asile sur la terre étrangère, plusieurs se réfugièrent dans les rangs de l'armée et cherchèrent, sous la protection du glorieux drapeau de la France, la sécurité que l'anarchie avait bannie du foyer domestique. Parat fut de ce nombre; il n'avait pas hésité à partager les dangers auxquels le trop mémorable siége de Lyon allait exposer ses intrépides citoyens. Nommé chef d'une des ambulances destinées à secourir les blessés, il eut le bonheur de s'échapper au moment où l'armée assiégeante entrait dans la ville : il se réfugia à St-Symphorien-le-Château, chez son condisciple et ami le docteur Sautemouche, qui parvint à intéresser en sa faveur le chirurgien-major du 1er bataillon franc de la république, qui le fit admettre dans son corps en qualité d'aide. Heureusement pour Parat ce bataillon s'éloigna de Lyon, et fut envoyé à l'armée des Alpes. Quelques mois après, le chirurgien-major ayant pris sa retraite, Parat le remplaça; c'est là que nous nous rencontrâmes, et que commença pour tous les deux une liaison que le temps devait rendre de plus en plus intime.

Je remplissais dans cette armée les mêmes fonctions que lui, et nous assistâmes ensemble à la mémorable attaque du col du Mont, expédition tentée dans ces régions glaciales, où le courage du soldat français devait surmonter à la fois les rigueurs des éléments et la résistance d'un ennemi abrité derrière des retranchements regardés jusqu'alors comme imprenables (3).

Nous recueillîmes, dans cette expédition, de curieuses observations physiologiques sur les effets du froid intense, et d'utiles documents sur les moyens hygiéniques d'en garantir l'économie animale; elles ont été imprimées dans le recueil des *Actes* de la Société de médecine de Lyon.

A quelque temps de là, nous pumes l'un et l'autre rentrer dans la carrière de la médecine civile, et resserrer à Lyon les liens d'une amitié qui, née dans le tumulte des camps, devait se cimenter et s'accroî-

BIBLIOTHÈQUE ROYALE

tre dans l'exercice paisible des devoirs laborieux de notre profession.

Nous y fûmes successivement rejoints par ceux de nos confrères que la tempête politique avait dispersés.

Ils revinrent animés d'un zèle plus ardent encore pour les progrès de la science. Les notabilités médicales lyonnaises de l'époque, les docteurs Gilibert père, Petetin, Dussaussoy, Rast, Pitt, Villermoz fils, Desgaultières père, Colomb, Morel, Mothe, Thenance et quelques autres encore, vinrent augmenter le nombre de la Société des amis médecins, qui se réunissait alors dans le domicile du docteur Martin mon frère. Reconnue bientôt par l'autorité administrative, elle se donna des statuts et un réglement obligatoire, et prit pour devise : *Le bonheur existe entre l'étude et l'amitié, aimez-vous et soyez laborieux.* Telle est l'origine de la Société de médecine de Lyon, la première créée en France depuis la révolution.

C'est dans la Société des amis médecins, que le premier préfet de Lyon, M. Verninac de St-Maur, vint chercher une partie du noyau de l'Athénée, depuis Académie des sciences, belles-lettres et arts de notre cité. Ne vous étonnez donc pas de trouver ce souvenir dans l'éloge du savant qui a si dignement partagé les travaux des deux institutions.

Après avoir tracé cette esquisse historique des événements auxquels la vie du docteur Parat fut liée, je dois faire connaître les principes qui le dirigèrent dans la pratique de son art, la nature de ses rapports avec ses clients, et indiquer succinctement le trop petit nombre des ouvrages sortis de ses méditations.

Notre confrère ne tarda pas à être placé dans le premier rang des médecins distingués de la seconde ville du royaume, et à occuper des places importantes. Il fut temporairement médecin de l'Hôtel-Dieu de notre ville, il s'acquitta de cette fonction dont la durée est limitée à une période fixée par de sages réglements, de manière à y laisser d'honorables souvenirs. Il présida avec distinction la Société de médecine. Nommé par le gouvernement médecin de l'École vétérinaire, et plus tard membre de son jury d'examen, il en remplit les fonctions pendant 32 ans. Lié d'une intime amitié avec les chefs, respecté et chéri comme un père par les élèves, il ne se bornait pas à soigner leur santé; il trouvait ses plus doux délassements à les suivre de loin en loin dans leurs études, à leur prodiguer ses conseils et ses encouragements; aussi nulle part la nouvelle de sa mort n'excita une affliction plus profonde, plus vraie et plus expansive que parmi ces jeunes gens qui perdaient en lui l'ancien gardien de leur santé, et le protecteur indulgent de leur carrière studieuse. Ils assistèrent en corps dans un silence religieux à son convoi funèbre, et voulurent lui rendre un triste et pieux hommage en portant ses dépouilles mortelles jusqu'à l'église de sa paroisse.

A la création du Dispensaire, institution si éminemment utile à notre ville, il fut choisi comme administrateur et médecin consultant; et, au moment de sa mort, il était encore vice-président du Conseil d'administration.

Si Parat, par ses talents et son honorable conduite, se distingua dans toutes les places qu'il occupa, il dut à l'excellence de son jugement, autant qu'à ses profondes connaissances, les nombreux succès qui lui valurent sa brillante réputation. Il savait qu'en bonne pratique médicale, avant d'arrêter son opinion sur le caractère d'une maladie, il est du devoir du médecin d'interroger toutes les circonstances de son apparition et de son développement, d'analyser dans leur ordre de succession et dans leur enchaînement, tous les épiphénomènes qui l'ont annoncée, tous les symptômes qui la caractérisent, tous les signes qui en font présager la marche, la durée et l'issue. Parat remplissait religieusement ce devoir; toujours guidé par les doctrines de l'École célèbre à laquelle il appartenait, il réglait sur les conséquences logiques du trouble des fonctions l'emploi des moyens thérapeutiques, modérant ou excitant tour-à-tour les forces vitales, selon que leur excès, ou leur défaut devenait un obstacle au retour et au maintien de l'équilibre qui en balance la distribution.

Sectateur des principes Hippocratiques dans les affections aiguës, il appliquait la médecine expectante à la période d'invasion pendant le premier septénaire, bornant le traitement, dans les cas ordinaires, à la diète, au repos et aux délayants; ne recourant aux émissions sanguines toujours modérées, que pour réprimer les accidents inflammatoires, et rompant, le plus souvent par les révulsifs aux extrémités, les concentrations nerveuses fixées sur les organes principaux de la vie animale. S'il ne fut pas le premier à employer les sinapismes dans le début des fièvres empreintes du caractère nerveux, on ne peut lui contester le mérite d'en avoir, en quelque sorte, popularisé l'usage salutaire dans la pratique de la médecine lyonnaise.

Je dois aussi parler de l'emploi fréquent et souvent heureux qu'il faisait de la potasse caustique, appliquée sur la peau dans les affections chroniques et rebelles des organes profonds. Sa pratique en ce point était fondée sur la connaissance qu'il avait acquise des communications celluleuses, si bien démontrées par le savant Bordeu dans son *Traité du tissu muqueux* (4).

Parat saisissait, avec une rare sagacité, les moments propices pour placer les remèdes héroïques qui domptent les désordres du système nerveux dans les cas les plus graves, et rétablissent l'harmonie normale entre son action et celle des systèmes vasculaires. Tel il était dans sa pratique, tel on le retrouvait dans ses consultations parlées ou écrites : exact, méthodique, clair et précis, parce qu'il procédait par la voie de l'analyse et qu'il raisonnait avant de conclure.

Ce que je viens de dire de l'excellence de son jugement, de la netteté et de la précision de ses idées dans la pratique médicale, fait vivement regretter qu'il n'ait pas écrit le recueil de ses observations cliniques, comme il en avait le projet. Il voulut s'occuper de ce travail pendant la durée de sa maladie ; il était trop tard; ses souffrances ne lui en laissèrent ni le temps, ni la force. Avis à ceux qui lui succèderont dans la même carrière, de ne jamais renvoyer au lendemain ce qu'on peut faire la veille , et de ne pas livrer aux chances douteuses de l'avenir les chances certaines du présent.

Cependant il avait jeté sur des feuilles volantes des notes relatives à ce projet; on a dû renoncer à les réunir, parce qu'il en connaissait seul le but et la portée, et qu'il avait confié à sa mémoire le soin de les coordonner et de les rendre à leur destination.

Peut-être aussi pensait-il que l'écrivain, animé du désir consciencieux d'aider les progrès des sciences de faits, ou d'en éclairer la route, devait se borner à recueillir des observations neuves, ou vues sous un nouveau jour ; qu'il n'y avait ni gloire, ni utilité à ressasser des documents ou des préceptes déjà publiés et admis, à réveiller des doutes qu'on n'est pas en état de résoudre , et à se lancer dans le champ des conjectures à la poursuite de la vérité , qui ne se révèle que dans la constance des faits identiques.

Si cette manière de voir était plus généralement admise, notre littérature médicale ne serait pas encombrée de cette foule de traités systématiques, qui n'ont souvent de nouveau que de vieilles erreurs exhumées de l'oubli, et rajeunies par le coloris du style ; notre époque ne gémirait pas sous le poids de cette stérile abondance qui n'est profitable qu'aux spéculations de la presse et de la librairie. Les compilations indigestes, sous forme de dictionnaires, n'occuperaient pas dans les bibliothèques médicales la place que doivent y tenir les précieux ouvrages des princes de l'art de guérir, que tant de jeunes médecins ne connaissent guère plus que de nom.

Les ouvrages imprimés qu'a laissés notre confrère sont :

1° Une *Thèse, en latin, sur l'effet et l'emploi raisonné des vésicatoires et des épispastiques*, *in*-4° 1790 ;

2° Un *Mémoire sur les moyens de perfectionner les études de l'art de guérir*, *in*-8° 1791 ;

3° L'*Éloge historique du professeur Dumas*, *in*-4° 1826 ;

4° L'*Éloge historique de Marc-Antoine Petit, ex-chirurgien en chef de l'Hôtel-Dieu de Lyon*, *in*-4° 1812 ;

5° *Compte-rendu des travaux de l'Académie*, 30 août 1814 ;

6° L'*Éloge du docteur Buytousac, ancien chirurgien en chef de la Charité de Lyon*, *in*-8° 1828 ;

7° *Rapport sur les Mémoires envoyés à l'Académie sur la question suivante* : Quels sont les moyens de reconnaître et de secourir l'indigence ? 1819.

8° *Quelques réflexions sur l'obligation où se trouvent les Académies de publier leurs travaux*, in-8° 1824 ;

9° *Réflexions pratiques sur la gale*, imprimées dans le 1er volume des *Actes* de la Société de médecine de Lyon.

Les ouvrages manuscrits sont :

1° *Fragments d'un Mémoire projeté sur l'histoire naturelle et médicale de la femme*;

2° *Nouveaux principes de classification méthodique des maladies*;

3° *Observations sur les effets des cautérisations répétées dans le traitement de la morsure des animaux enragés* ;

4° *Méthode à suivre dans l'étude de l'art de guérir*.

(La question traitée dans ce dernier écrit se résout par les mêmes principes que Parat avait adoptés dans son Mémoire publié en 1793.)

Je regrette de ne pouvoir placer ici l'analyse de ce mémoire, parce qu'elle prouverait qu'après un demi-siècle d'intervalle, les idées de l'auteur sont encore celles qui peuvent en partie servir de base au plan méthodique d'une réforme dans l'ordre et la discipline des études médicales, réforme dont le besoin devient de plus en plus impérieux. Jamais, en effet, il ne fut plus opportun de reproduire ces idées qu'au moment où la législation s'apprête à satisfaire en ce point un vœu de l'opinion publique. Je ne crains donc pas d'avancer qu'à l'époque où ce mémoire parut, il était aussi remarquable par la nouveauté et l'importance du sujet, que par l'enchaînement des pensées de l'auteur dans un ordre naturel dont la succession laisse peu de lacunes à remplir (5).

Tel était le caractère de son esprit; on le retrouve dans toutes ses autres productions. Cet amour de l'ordre ne se montra pas avec moins de constance dans sa vie privée et dans son exactitude à remplir les devoirs que lui imposait la pratique de la médecine. Toutes les heures de sa journée avaient leur emploi utile; il en distribuait les occupations selon les services publics dont il était chargé, et trouvait le moyen de les faire cadrer avec les exigences de sa clientèle et la nécessité d'observer les épiphénomènes des maladies, au moment de leur apparition. La sûreté de son diagnostic tenait à la rectitude de son jugement, autant qu'à la profondeur de ses connaissances acquises et à la faculté d'attention dont la nature l'avait si richement doté.

C'est de la réunion de ces qualités, ou plutôt de ces aptitudes de l'intelligence que naissent les entraînements qu'on est convenu d'appeler *vocations*, lorsqu'ils ont produit leurs effets; ces entraînements ont accrédité l'opinion que l'homme naît médecin, comme il naît poète et artiste; opinion plus plausible quant aux facultés qui sont du ressort de l'imagination, que de celles qui sont sous la dépendance du jugement et de l'observation réfléchie : car, quoi qu'on en dise, le tact du médecin-praticien se forme plus par l'habitude de bien voir et de voir souvent, que par la spontanéité des inspirations soudaines ; spontanéité qu'on ne saurait cependant entièrement nier, et que le médecin le plus philosophe accepte comme un bonheur dans ces cas douteux où l'esprit et le jugement nagent dans le doute, faute de signes positifs et absolus.

Parat s'affectionnait à ses clients en raison de la continuité des services qu'il leur rendait : une fois en possession de la confiance des familles, cette confiance devenait en quelque sorte pour lui une propriété inaliénable, le médecin se confondait avec l'ami, les devoirs du sentiment répandaient plus de suite et d'efficacité sur les devoirs et les services de la profession ; ils ennoblissaient son ministère en l'isolant des mercenaires spéculations, des intérêts de la fortune.

Jamais il ne lui vint en idée de mettre ses services à l'enchère, et de débattre le chiffre de leur rénumération avant ou après le traitement des maladies : il croyait à la reconnaissance, parce qu'il avait la conscience des devoirs à remplir pour l'exciter ; il en acceptait les tributs sous telle forme qu'ils lui fussent présentés. Plus d'une fois il donna la préférence à ceux qui, partant du cœur, se traduisaient en protestations d'un inviolable attachement, sur ceux qui se mesuraient seulement par le poids et la valeur du signe pécuniaire ; aussi, quand la confiance venait à lui échapper sans motifs, ce désagrément, qui n'est pas rare dans notre profession, lui causait un chagrin qui tenait presque du désespoir dans les premiers moments, et qui fermait la porte aux consolations philosophiques fondées sur la connaissance du cœur humain, et des nombreux caprices qui viennent altérer la pureté de ses affections.

Parat resta célibataire jusqu'à l'âge de 43 ans, époque à laquelle il épousa la fille du docteur Buytousac, ancien chirurgien en chef de l'Hospice de la Charité de notre ville. La mort prématurée de son intéressante épouse lui ravit le bonheur qu'il goûtait dans cette union. Il n'en eut qu'une fille mariée avec un homme estimable, M. de Pommerol ancien magistrat. De ce mariage sont nés plusieurs enfants destinés à continuer la mémoire des vertus et des talents dont leur aïeul leur a donné l'exemple.

Le docteur Parat était d'un caractère doux et affable ; l'enjouement et la vivacité de son esprit, exprimés par les traits de son visage, ressortaient dans sa conversation familière, comme la diversité et l'étendue de ses connaissances dans ses entretiens scientifiques, et sa bienveillance et son amour de l'humanité dans tous les actes de sa vie privée (6).

Il avait des amis dévoués parmi ses confrères et parmi ses nombreux clients, parce qu'il savait se faire aimer, ou, pour mieux dire, parce qu'il savait aimer. Inoffensif et modeste dans ses rapports de société, il n'eut point d'ennemis déclarés ; et si la jalousie put quelquefois s'irriter de ses succès, elle ne se montra jamais à front découvert. Heureuse destinée, qui n'est que rarement celle des hommes supérieurs dans les différentes phases de leur carrière !

Il mourut le 11 décembre 1838, à l'âge de 75 ans, d'un dépérissement de vitalité, ou consomption sans fièvre. Une suppression de transpiration à laquelle il s'était exposé en quittant son lit au milieu d'une nuit froide et pluvieuse, pour secourir un de ses malades dans un cas pressant, parut être la principale cause de cette funeste maladie dont l'historique serait ici déplacé (7). Mais je ne peux passer sous silence son zèle et son dévoûment pour sa noble profession qui furent poussés si loin, qu'en proie, depuis plusieurs mois, à la maladie qui minait son existence, on le vit se traîner faible et chancelant dans les rues de notre ville, portant des secours à ses malades et oubliant qu'il se les devait à lui-même.

Convaincu de la certitude de son art, l'espérance ne l'abandonna jamais dans le cours de sa longue maladie ; et, peu de jours avant de rendre le dernier soupir, il comptait encore sur sa guérison : tant la nature, ou plutôt la Providence se plaît à épaissir le voile qui couvre les approches de la mort au-devant des regards des intelligences les plus exercées à les reconnaître, quand elles ne les menacent pas personnellement.

Il conserva jusqu'à sa dernière heure l'intégrité de ses facultés pensantes ; il n'attendit pas, pour appeler à son aide les secours de la religion, le moment où les ténèbres du trépas viennent dérober au mourant le spectacle sublime des cérémonies dont elle entoure les espérances d'une vie meilleure que la vie mortelle.

Il s'éteignit presque sans agonie dans les bras de sa fille et de son gendre qui lui prodiguèrent, pendant le cours de sa longue maladie, les soins les plus pieux et les plus touchants.

La nouvelle de sa mort attrista toute la ville ; plus de 800 personnes de tout rang assistèrent à son convoi funèbre ; un grand nombre l'accompagna jusqu'à sa dernière demeure. Trois discours furent prononcés sur sa tombe par les présidents (8) de l'Académie, de la Société de médecine et du Dispensaire , qui, en rappelant ses vertus, ses talents, et les nombreux services qu'il avait rendus à la société, produisirent une profonde impression de tristesse sur l'auditoire : ce qui fut un éclatant témoignage des regrets unanimes que sa perte excita.

NOTES.

(1) On croit généralement que l'institution des concours pour les places de chirurgiens en chef des deux hôpitaux de Lyon fut arrêtée par les administrations qui les régissaient alors, sur la demande faite au nom du gouvernement, par M. Colombier, inspecteur-général des hôpitaux de France. Mon estimable confrère, le docteur Pointe, dans une notice qu'il a publiée sur la vie et les travaux de son père, assure que ce fut ce dernier qui, en 1770, proposa cette institution, dans un mémoire qui avait reçu l'approbation du premier ministre; mais que les recteurs ou administrateurs ne voulurent pas l'admettre, et nommèrent secrètement, suivant l'ancien mode, M. Carret, en remplacement de M. Dufieu qui mourut avant la fin de son exercice.

Je dois à l'obligeance de M. Piestre, secrétaire-général actuel de l'administration des deux hôpitaux, des recherches exactes faites dans les Archives, qui sembleraient ne pas justifier ces deux assertions. Ce n'est que 18 ans après la demande de M. Pointe le père, et trois ans après l'inspection des hôpitaux de Lyon par M. Colombier, qu'eut lieu l'institution des concours; et rien, dans les arrêtés qui la fixent, n'annonce qu'elle eût été sollicitée avant cette époque; l'honneur en appartient donc tout entier aux recteurs ou administrateurs de 1788.

Le programme du concours de l'Hôtel-Dieu parut en avril 1788; le concours eut lieu le 10, 11 et 12 juin, et la nomination de Marc-Antoine Petit ne fut rendue publique que le 25 du même mois. Dans cette séance, le bureau témoigna au docteur Parat sa satisfaction sur les preuves de talents qu'il avait données dans ce concours.

Le programme du concours de l'Hospice de la Charité parut le 15 juin de la même année, et le concours où Aimé Martin, mon frère aîné, fut nommé chirurgien en chef eut lieu les 9, 10 et 11 juillet suivant.

Telles sont l'origine et l'époque précises des deux premiers concours pour la Majorité des hôpitaux de Lyon.

(2) Je crois devoir justifier le titre de *Grand* qu'on m'a reproché d'avoir donné à Barthez. C'est à son génie qu'on doit la création d'une doctrine, qui a imprimé une direction nouvelle dans les études médicales, et qu'on peut regarder comme une des grandes époques de notre médecine moderne. Barthez a donc été pour l'École de Montpellier ce que fut Boërhaave pour celle de Leyde, Stahl pour l'Université de Hall, et Cullen pour celle d'Édimbourg.

(3) Cette expédition, aussi mémorable par les difficultés qu'elle présenta que par le succès qui la suivit, avait pour but de déplacer l'ennemi fortement retranché sur le sommet du col de Grisanche qui fait partie de la barrière qui forme la chaîne centrale des Alpes, depuis le petit St-Bernard jusqu'au Mont-Cenis : ce passage, appelé le *col du Mont*, est le séjour des brouillards et des tempêtes; il est habituellement couvert de neige, présente des glaciers à sa droite comme à sa gauche, et n'est accessible que dans le moment des gelées, parce qu'on peut alors y creuser des degrés qu'on ne saurait pratiquer contre des escarpements ou des glaciers à nu. Le 5 mai 1795, sur les 6 heures du soir, la division dans laquelle nous nous trouvions se mit en marche en trois colonnes. A peine étaient-elles en mou-

vement, qu'il s'éleva une tourmente affreuse. Des tourbillons de neige que les vents agitaient dans tous les sens, l'obscurité de la nuit qui devient si désespérante dans des lieux remplis de précipices, enfin l'impression d'un froid si intense que le vin et l'eau-de-vie même gelaient dans tous les bidons, devinrent de nouveaux obstacles que la nature opposait à la victoire, et que l'héroïque courage de nos guerriers parvint cependant à surmonter, en s'emparant de cette position qu'on avait jusqu'alors regardée comme imprenable. Un seul homme périt par le feu de l'ennemi; mais la tempête et le froid en firent succomber plus de 50 dans la marche, et en frappèrent plus de 100 de congélations partielles.

Cette terrible expédition faillit à devenir funeste au docteur Parat, dont les forces s'étaient épuisées à porter des secours à un jeune chirurgien qu'il ne put rappeler à la vie. J'arrivai fort à propos pour le soustraire lui-même à l'engourdissement et au sommeil, symptômes précurseurs de la mort causée par l'intensité du froid dans ces régions glacées.

(4) Le nom de Théophile de Bordeu, auteur de plusieurs autres savants ouvrages, rappelle une des plus grandes illustrations de l'École de Montpellier, où il avait puisé les principes de son art. Il y fut reçu docteur en 1743, et nommé professeur d'anatomie en 1745. Imbu des bonnes doctrines de cette École, il vint fort jeune encore, en 1754 ou 1755, exercer la médecine à Paris, où il rivalisa d'abord avec les premières réputations des médecins de cette capitale, qu'il devait ensuite surpasser.

Il fut trouvé mort dans son lit, le 24 octobre 1776, dans la 55e année de son âge; ce qui fit dire à une femme d'esprit qui admirait son talent, que « la mort le craignait au point de n'avoir osé l'attaquer que pendant son sommeil. »

(5) *Extrait du Mémoire sur les moyens de perfectionner les études de l'art de guérir, par M. Parat.* 1791.

L'étude de la médecine comprend trois parties toutes essentielles. La première est l'étude du corps humain et de ses fonctions; la seconde, la connaissance des maladies qui l'affectent; la troisième, celle des moyens qu'on peut leur opposer. Le médecin doit posséder *également* et *entièrement* toutes ces parties, parce qu'elles sont inséparables et se prêtent un mutuel appui : toutes nos fonctions se correspondent et s'enchaînent; toutes nos maladies doivent être étudiées : car, malgré leur distinction, d'après leur siége ou leur cause, en externes et internes, à l'occasion de l'une toutes les autres peuvent se développer.

Si cette réunion de connaissances est nécessaire pour l'anatomie, la physiologie et la pathologie, elle ne l'est pas moins pour les moyens thérapeutiques, savoir : la diète, la chirurgie et la pharmacie; puisque le médecin est chaque jour dans le cas d'employer en même temps les ressources qu'elles lui présentent.

L'esprit humain peut-il embrasser un cadre d'études aussi vaste? Malgré les vices de l'éducation médicale, quelques hommes y sont parvenus. Des établissements, qui réuniraient d'une manière distincte et sûre toutes les connaissances et tous les moyens, rendraient facile pour tous ce qui a été possible à quelques-uns.

Trois principes servent de base au plan d'éducation proposé, savoir : la nécessité de la méthode analytique dans l'exposition des connaissances; l'utilité incontestable de la démonstration par la vue et le toucher; enfin, ce qui est la conséquence du principe précédent, l'importance de rapprocher l'élève du malade.

L'étude de la médecine théorique et pratique comprendra six années, divisées elles-mêmes en trois périodes ou classes distinctes.

PREMIÈRE CLASSE.

Étude de l'Anatomie et de la Physiologie, de la Chimie, de la Botanique.

Semestre d'hiver. — Dissections dirigées par un prosecteur; leçons journalières d'anatomie physiologique.

Semestre d'été. — Étude de la chimie, le matin; de la botanique, le soir.

La deuxième année, ces études seront reprises dans le même ordre. On y joindra, pendant l'hiver, un cours de médecine civile ou commentaire sur le traité *De aere, aquis et locis.*

DEUXIÈME CLASSE.

Étude des maladies dites Chirurgicales.

Les élèves seront admis dans les salles et assisteront aux pansements.

Deux leçons par jour : le matin, cours de clinique; le soir, cours de chirurgie.

Au terme de six mois, concours pour l'admission de dix élèves appelés au service d'internes.

Au terme de six autres mois, nouveau concours pour le remplacement des dix élèves précédemment admis.

De ces dix élèves internes, deux partageront habituellement les travaux de la pharmacie pendant une semaine, hors des heures de cours et de pansements. Ils seront successivement remplacés par deux autres.

Dans la seconde année, deux autres concours semblables pour former un plus grand nombre de sujets au manuel des pansements. — On joindra aux cours de clinique et de maladies chirurgicales un cours de médecine légale.

TROISIÈME CLASSE.

Étude des maladies internes.

Les élèves auront leur entrée dans les salles de médecine; ils assisteront aux visites, et chacun d'eux rédigera l'observation d'un ou de deux malades.

Deux leçons par jour : une sur les maladies régnantes et existantes actuellement dans les salles ; une d'un cours complet et suivi de médecine interne.

Concours de six en six mois. — Les élèves admis mettront en ordre sur un journal les observations particulières de chaque élève externe; ils se partageront les petites opérations qu'exige le traitement des maladies.

Les travaux de la seconde année, disposés dans le même ordre, se termineront par un concours de prix décernés aux auteurs des meilleurs Mémoires sur des sujets de médecine.

Les cours de la troisième classe seront faits en latin.

Ainsi, par la distribution distincte de tous les travaux, on assure aux étudiants l'instruction la plus facile. On jugera qu'ils en ont profité par les examens, les concours et les thèses. Ces moyens seront successivement employés : les examens à la fin de chaque cours, les thèses dans le courant de la deuxième année de chaque classe, les concours aux époques fixées précédemment.

Un certificat de capacité, obtenu par ces trois épreuves, sera la condition nécessaire pour passer d'une classe dans une autre. Pourvu de toutes ces attestations, le disciple se présentera à l'Université, composée de tous les professeurs de chaque classe.

Dans ce plan d'éducation, tous les objets sont parcourus, et sans cesse le précepte est joint à l'exemple. Les hommes, qui l'auront suivi, seront dignes de la confiance publique.

Par cette unité de connaissances et de droits, toutes les distinctions seront détruites; les questions de prééminences, les priviléges seront abolis.

Quant aux dispositions locales, ce plan exige trois établissements distincts. Le premier renfermera plusieurs salles de dissections, un laboratoire de chimie, un amphithéâtre pour les leçons; le second, fourni par un hôpital, contiendra deux salles de trente lits chacune, et un amphithéâtre pour les leçons, les opérations et les consultations gratuites; le troisième, siégeant également dans un hôpital, aura quatre salles : deux réservées aux maladies internes, une troisième pour les filles enceintes et leurs nouveaux-nés, la quatrième pour les hommes vénériens.

Le voisinage des hôpitaux généraux permettra d'avoir toujours au complet les salles d'instruction.

Les professeurs seront nommés au concours; les épreuves consisteront :

1° Dans un discours, ou dissertation en français sur un sujet tiré au sort au moment du concours, et qui sera le même pour tous les concurrents;

2° Dans une composition (écrite en latin et imprimée) sur trois questions proposées par les juges. Elles seront différentes pour chaque concurrent et devront être traitées dans l'espace de huit jours, époque de leur distribution;

3° Pendant les jours suivants aura lieu la défense. Chaque candidat défendra sa thèse pendant deux jours; matin et soir un des juges ouvrira la discussion par un ou deux arguments : les concurrents argumenteront ensuite par rang d'ancienneté. Les séances seront d'une heure et demie.

Pour exciter l'émulation, les places de professeurs seront amovibles. Leur service sera de quinze années. Pendant ce temps, le professeur aura jeté les fondements de sa réputation ; il se retirera avec honneur de la carrière ; s'il est devenu moins propre à la parole, il instruira par ses écrits ceux qu'il instruisait naguère par ses discours.

Les honoraires doivent satisfaire à la double intention de garantir le salaire des travaux et d'exciter l'émulation. Un traitement fixe sera alloué ; mais indépendamment, les étudiants, que la célébrité des professeurs pourra attirer dans telle ou telle autre Université, ajouteront au traitement par une légère contribution exigée sous forme d'inscription.

L'auteur termine son Mémoire par la réfutation de quelques objections contre la possibilité de réunir dans tout médecin les qualités de praticien ordinaire et d'opérateur. Il prétend que la nature des études médicales, qui commencent sur un cadavre et se continuent sur un malade, que la contemplation continuelle des misères humaines, doivent habituer le médecin à vaincre sa sensibilité et sa répugnance pour la pratique des opérations.

A ceux qui lui objectent l'impossibilité de faire acquérir des idées saines et très étendues sur toutes les branches de l'art de guérir à des hommes dont l'intelligence est à peine capable de retenir quelques détails de manuel, il répond que s'ils ont tant de peine à apprendre, c'est qu'on n'en prend pas assez pour les instruire.

Enfin, si le travail et les études exigées paraissent trop difficiles à quelques hommes peu capables, ne vaut-il pas mieux les rendre à des carrières non moins utiles à la société et bien moins exigeantes pour ceux qui doivent les parcourir ?

(6) Parat était d'une petite stature, et un peu courbé, même avant que le poids des années se fît sentir. L'expression de son visage qui respirait l'esprit et la bonté,

la vivacité de son regard observateur, s'alliaient à la grâce bienveillante des manières et à ce bon ton que donne l'habitude de vivre dans les classes supérieures de la société. On voyait en lui une preuve nouvelle de cette grande influence exercée par les qualités morales et intellectuelles, qui ont le pouvoir de faire oublier l'enveloppe physique et ses irrégularités, pour n'inspirer que des sentiments sympathiques et une confiance affectueuse.

(7) La maladie qui termina les jours de notre confrère fut longue et douloureuse. N'écoutant que la voix du devoir, Parat quitte son lit par une nuit froide et pluvieuse pour se rendre auprès d'un de ses malades qui réclamait ses soins. Rentré chez lui, Parat ressent des frissons et un malaise profond. Tels furent la cause et le début des accidents qui ne tardèrent pas à s'aggraver. Les organes digestifs devinrent le point de départ des symptômes.

Cependant notre confrère, toujours occupé de ses travaux habituels, refusait de garder le repos et de se soumettre à un traitement. Il y fut enfin contraint par le dépérissement de ses forces.

Passée à l'état chronique et compliquée de désordres variés dans l'innervation, cette maladie présenta des alternatives d'acuité, d'état stationnaire et même d'amélioration. Cette dernière circonstance ranima plusieurs fois dans l'esprit de Parat des espérances qui ne devaient pas se réaliser ! Bien plus, nous l'avons vu se faire illusion sur les symptômes les plus alarmants : heureux bienfait de la Providence qui trompe aussi, comme un autre malade, le médecin le plus instruit quand il touche à ses derniers moments !

Pendant le cours de cette maladie, les moyens les plus rationnels furent impuissants : soit parce qu'ils n'avaient pas été mis en usage dès le début, soit peut-être aussi parce qu'il arrive dans la vie une époque fixée par la volonté suprême pour en être le terme fatal.

(8) Le cortége se composait de la presque totalité des membres de l'Académie de Lyon et de la Société de médecine, de l'administration et du corps entier d'élèves de l'École royale vétérinaire, dont le défunt avait été le médecin pendant 30 ans ; de la majeure partie des médecins de la ville, et d'un grand nombre d'amis et de clients de celui auquel on rendait les derniers devoirs.

Le deuil était conduit par M. de Pommerol, qui avait à ses côtés son jeune fils. Les quatre coins du poële étaient tenus par MM. le docteur Dupasquier, président de l'Académie royale des sciences, belles-lettres et arts; le docteur Polinière, président de la Société de médecine; le docteur Brachet, doyen des médecins de l'Hôtel-Dieu ; et le docteur Martin le jeune, président du comité médical du Dispensaire. De la maison mortuaire jusqu'à l'église de Saint-François, le cercueil a été porté par MM. les élèves de l'École vétérinaire, qui ont voulu donner ce dernier témoignage de leur vénération à un praticien habile qui leur a si souvent prodigué ses soins.

Après le service funèbre, le convoi, toujours aussi nombreux, s'est mis en marche pour le cimetière de Loyasse où les restes du docteur Parat ont été déposées dans un terrain acquis par sa famille, et destiné à recevoir un monument de son éternelle douleur. A ce moment suprême, où l'affliction s'est montrée plus morne encore sur tous les visages, trois discours ont été prononcés, et ont produit la plus profonde impression.

DISCOURS DE M. DUPASQUIER,

Président de l'Académie.

Messieurs,

Appelé au bien triste honneur de représenter l'Académie royale des sciences, lettres et arts, dans une circonstance si douloureuse pour les membres de cette compagnie, je dirai peu de mots en présence de cette dépouille, qui contenait encore hier la science d'un médecin érudit, les qualités d'un cœur aimant et affectueux, les vertus d'une âme noble et élevée : c'est par des larmes bien plus que par des paroles pompeuses, qu'on honore la mémoire des morts, et je vois à la douleur qui m'entoure quels regrets excite la perte de l'homme de bien qui fut notre collègue.

Ce n'est pas que je n'eusse à parler longuement, si je devais rappeler ici toutes les qualités qui brillèrent dans l'excellent homme, dans le savant que nous pleurons : la haute réputation dont il jouissait dit assez quelle fut l'élévation de son esprit et la profondeur de son savoir. Non, M. Parat ne fut pas de ces hommes qui passent dans la vie sans qu'il reste une trace, un souvenir après eux ! M. le président de la Société de médecine, de cette compagnie que M. Parat présida aussi avec talent et dignité, pourrait vous dire quelle théorie médicale il avait puisée aux leçons de l'École de Montpellier ; quelle sûreté et quelle rapidité de coup-d'œil il avait acquise en se dévouant au soulagement des pauvres comme médecin de l'Hôtel-Dieu ; quelle délicatesse de tact, quel esprit d'observation, quelle solidité de jugement il joignait à une connaissance profonde de tous les maîtres de l'art de guérir.

Pour moi, je pourrais vous parler de son amour pour la science, de son désir d'apprendre et de savoir qui fut la passion de sa vie ; je pourrais vous montrer le savant médecin assistant, presque octogénaire, et avec toute l'ardeur d'un jeune homme, aux leçons de notre Faculté des sciences; je pourrais vous rappeler qu'il dut à de fortes études premières, à un excellent esprit d'analyse, à une sûreté de goût naturelle chez lui et développée par l'étude des grands modèles, un talent d'écrire, remarquable surtout par la correction, la pureté et l'élégance; je pourrais ajouter qu'il en donna d'assez fréquentes preuves, particulièrement en rendant compte des travaux de l'Académie, à une époque où il avait l'honneur d'être son président, après avoir été un de ses fondateurs, et surtout en retraçant dans deux éloges, qui sont des ouvrages de goût et de style, la vie de deux hommes célèbres qui furent ses amis, du professeur Dumas, de Montpellier, et de notre compatriote Marc-Antoine Petit......

Mais, hélas! que sont toutes ces vanités de la vie en présence de cette tombe qui vient de s'ouvrir et qui se ferme sur notre collègue? Ici, il n'y a de sentiment possible que celui de la douleur; ici disparaît toute autre pensée que celle du néant de toutes ces choses et de toutes choses.

Adieu donc, toi qui fus bon parmi les bons, qui consacras toute une longue carrière à soulager les souffrances de l'homme. Adieu, toi qui écoutais les plaintes du pauvre comme la voix du riche. Va recevoir la récompense d'une vie si bien et si utilement remplie. Adieu, excellent homme, adieu!

DISCOURS DE M. LE DOCTEUR POLINIÈRE,

Président de la Société de médecine.

MESSIEURS,

La triste solennité qui réunit tant de personnes appartenant à toutes les professions, à tous les rangs de cette grande cité, montre assez qu'une perte, universellement sentie, vient d'être faite, et que la Société de médecine de Lyon n'est pas seule à souffrir du coup dont elle a été frappée. La douleur publique vient se confondre avec la nôtre.

Le docteur Parat, dont nous déposons ici la dépouille mortelle, n'était pas seulement digne de notre respectueuse affection par ses qualités morales, par sa longue expérience et par son amour pour la science que nul n'aima plus que lui; il était encore l'objet de la haute estime et de la reconnaissance de ses concitoyens.

Ne l'avait-on pas vu, dès son jeune âge, commencer dans les hôpitaux militaires et continuer dans les hôpitaux civils ses utiles services? Ne savait-on pas que notre confrère, animé d'un zèle que les glaces de la vieillesse n'avaient pu refroidir, ne se délassait des fatigues de la pratique de son art, qu'en se livrant dans le sein des sociétés savantes, ou dans le recueillement du cabinet, au développement de ses idées, toujours consacrées à la science médicale?

C'est qu'en effet c'était là le but constant de ses efforts et de toutes ses pensées.

Fondateur de la Société de médecine de Lyon, il y remplit avec distinction les fonctions de secrétaire-général, et plus tard celles de président.

Le vif intérêt qu'il prenait aux travaux de cette savante compagnie semblait avoir redoublé d'activité dans le cours de la longue maladie qui enchaînait ses forces physiques, et le condamnait à un repos jusqu'alors inconnu.

Résigné avec une rare sérénité à subir les lois de la nature, à peine parlait-il des signes de destruction, que, chaque jour, il observait sur lui-même, et qui lui annonçaient sa fin prochaine.

La science médicale, ses progrès, sa dignité, sa beauté, tel était le texte habituel de ses entretiens avec ses confrères.

Et quand sa main défaillante se refusa d'obéir à sa volonté, il dicta les fragments d'un dernier Mémoire qu'il méditait sur une question médico-chirurgicale ; tant il était encore plein de vie, dès qu'il s'agissait de servir la cause de la science et de l'humanité !

Mais le moment fatal approchait. Le docteur Parat, dont la tête était restée saine, le signala et l'attendit sans le désirer et sans le craindre.

Entouré des soins touchants de sa famille et de ses confrères, affermi par l'appui de la religion, consolé par le sentiment intime du bien qu'il n'avait cessé de faire, il rendit paisiblement son âme à Dieu, et nous laissa l'exemple d'une longue vie dignement employée.

Respectable docteur Parat, entends l'expression de nos douloureux regrets, et reçois nos derniers adieux !

DISCOURS DE M. MARTIN LE JEUNE,

Président du comité médical du Dispensaire.

MESSIEURS,

La voilà donc rendue à sa destination, la dépouille mortelle de cet homme de bien, qui, en consacrant sa vie à l'humanité, soulagea tant de maux et consola tant de misères !

Son âme immortelle, dégagée de ses liens terrestres, plane vers le ciel pour y occuper l'heureuse place que lui ont méritée les vertus dont elle brilla sur la terre.

Puisse s'élever jusqu'à elle, l'expression douloureuse des regrets que cause à ses confrères et à ses nombreux amis, la perte de la vie mortelle de cet estimable médecin ! Puisse le pur et sincère hommage qu'ils rendent à sa mémoire, dans cette triste cérémonie, lui transmettre au séjour céleste, les sentiments de considération, d'estime et d'attachement qu'il leur inspira pendant le cours de sa belle vie !

C'est à moi, qui fus son ami pendant quarante ans, qui partageai son exil et ses infortunes au temps des calamités qui en 1793 affligèrent notre patrie, à moi qui le connus si bien, de retracer en quelques mots le noble caractère et les belles qualités du docteur Parat.

Citoyen vertueux, médecin philanthrope, ami franc et généreux, excellent fils, bon frère, tendre époux, sensible père, il fut le vrai modèle de ces hommes qui honorent l'humanité autant par la douceur de leur caractère, que par leurs bonnes actions.

C'est donc avec un assentiment général que je peux dire en ce jour, que la ville de Lyon vient de perdre un de ses meilleurs citoyens, la médecine, un de ses plus habiles praticiens, et les malheureux, un de leurs plus fermes appuis.

Vous tous qui entourez le sépulcre de notre honorable concitoyen, pénétrés comme moi de la plus profonde douleur, dites-lui le dernier et éternel adieu....

Adieu, bon docteur Parat !!!

BIBLIOTHÈQUE ROYALE

www.ingramcontent.com/pod-product-compliance
Ingram Content Group UK Ltd.
Pitfield, Milton Keynes, MK11 3LW, UK
UKHW020414220726
13923UKWH00004B/1936

9 782019 293512